吴烁 主编

给孩子的传世家语 / 习礼篇

中国出版集团 现代出版社

图书在版编目（CIP）数据

给孩子的传世家语. 习礼篇 / 吴烁主编. —— 北京：
现代出版社, 2022.9

ISBN 978-7-5143-9931-8

Ⅰ.①给… Ⅱ.①吴… Ⅲ.①国学 – 儿童读物 Ⅳ.
①Z126-49

中国版本图书馆CIP数据核字(2022)第134705号

给孩子的传世家语·习礼篇

主　　编：吴　烁
责任编辑：申　晶　毕椿岚
出版发行：现代出版社
地　　址：北京市安定门外安华里504号
邮政编码：100011
电　　话：010-64267325 64245264（兼传真）
网　　址：www.1980xd.com
印　　刷：北京瑞禾彩色印刷有限公司
开　　本：710mm x 1000mm　1/16
印　　张：9.75
字　　数：66千字
版　　次：2022年9月第1版　2022年9月第1次印刷
书　　号：ISBN 978-7-5143-9931-8
定　　价：45.00元

编者寄语

　　"青年一代有理想、有本领、有担当，国家就有前途，民族就有希望。"这是习近平总书记在党的十九大报告中对青年一代寄予的勉励和期望。《义务教育课程方案 (2022 版)》中也进一步明确了"有理想、有本领、有担当"的育人目标。可是，如何达成"三有"目标呢？我们尝试从浩瀚的中华优秀传统文化中，从中华经典家训、家风、家书、训告等典籍中，汲取营养，编撰了《给孩子的传世家语》这套图书，希望能给广大家长、老师，以及青少年朋友们以有益的引导和启发。

　　本套图书以社会主义核心价值观为导向，围绕"三有"目标，从"劝学""习礼""勤思""奋进"四个维度布局谋篇，每个维度一册，共编撰四册。每册按照"学"——"知"——"用"的认知顺序，分为三个层次组织编排，选文紧扣每个层次的主

旨。所选文段通过精心设计的"字斟句酌""古文今译""以古论今""趣读故事""引经据典""作家作品""头脑风暴"等模块展开，辅以精美的国风彩图，既保证了读者对文段内容的理解，也增强了阅读的趣味性。编写这套图书时，我们努力在坚定理想信念、厚植爱国主义情怀、加强品德修养、增长知识见识、培养奋斗精神、增强综合素质上下功夫，努力使本套图书具有较强的思想性、经典性、趣味性、启发性。

关于本套图书的阅读学习，我们提出如下建议：

一是要熟读成诵。本套图书的选文是精挑细选的千古经典句段，对于每章选文不仅要读，而且要牢记于脑，铭记于心，熟读成诵。

二是学用结合。仅仅做到熟读成诵还不够，还要学会思考和运用。学会思考才能不迷信，才能心有所感所悟，才能真正理解。那么又该怎样运用呢？可用于自己的座右铭，时刻提醒、激励自己；可用于积累素材，进行习作训练，以提升自己的习作水平；可直接用作家风、家训，对于特别有意义的选文句段，家长可与孩子共读共赏，共商共议，形成共识，全家共遵共勉，甚至可以发扬光大，世代传承。

三是交流分享。"独学而无友，则孤陋而寡闻"，因此我们还要学会交流分享，把自己的学习心得体会，分享给同学、朋友、家人，进行思想的碰撞，进而学会多角度、有深度地看待问题、分析问题，寻找新的灵感解决问题。

这套图书立足中华经典，讲好"中国故事"，培根铸魂、启智润心，铸就中国底色，不仅是家长、老师的好帮手，更是伴随青少年终身健康成长的好伙伴。

目录

知礼

学礼

用礼

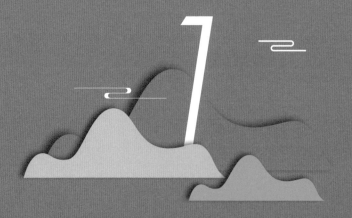

知
礼

既要读书，也要识礼

不学诗①，无以言②；不学礼③，无以立④。

——《论语·季氏》⑤

① 诗：应指《诗经》。② 无以言：指不能正确地说话。③ 礼：应指《礼记》。

④ 立：立足于社会。⑤《论语·季氏》是《论语》中的第十六篇，此处为节选。

不学《诗经》，在社会交往中就不会说话；不学《礼记》，就不会做人做事，在社会上就不能立足。

不学《诗经》，在社会交往中就不会说话；不学《礼记》，就不会做人做事，在社会上就不能立足。

中国自古以来就是礼仪之邦，文明礼仪是人们共同遵守的最起码的道德规范。同学们，你们知道吗？在古代，特别是在孔子的教学中，《诗经》与《礼记》是非常重要的教学内容。

这一章是《论语·季氏》里所记载的孔子教诲儿子孔鲤的话。孔子认为修身必先学诗，不学《诗经》，在一些重要场合甚至连话都不会说；在社会交往中，更要学习礼仪规范，不学《礼记》就不会做人做事，甚至在社会上无法立足。可见学诗、学礼的重要性。

同学们，这两句话中的"学诗"和"学礼"，放在今天，实际讲的就是勤奋读书和以礼做事，这是人生很重要的两个课题。一个人既要读书，汲取文化修养；又要识礼，懂得为人处世。这样，才能在社会上立足。

陈亢问于伯鱼

　　陈亢①问于伯鱼②曰："子亦有异闻③乎？"对曰："未也。尝独立，鲤趋而过庭。曰：'学《诗》乎？'对曰：'未也。''不学《诗》，无以言。'鲤退而学《诗》。他日，又独立，鲤趋而过庭。曰：'学《礼》乎？'对曰：'未也'。'不学《礼》，无以立。'鲤退而学《礼》，闻斯二者。"陈亢退而喜曰："问一得三，闻《诗》，闻《礼》，又闻君子之远④其子也。"

注释

①陈亢（gāng）：即陈子禽，孔子的弟子。②伯鱼：即孔鲤，字伯鱼，孔子的儿子。③异闻：这里指不同于对其他学生所讲的内容。④远（yuàn）：这里指不偏爱。

大意

陈亢问伯鱼："你在老师那里听到过什么特别的教诲吗？"伯鱼回答说："没有呀。有一次他独自站在堂上，我快步从庭里走过，他说：'学《诗》了吗？'我回答说：'没有。'他说：'不学《诗》，就不懂得怎么说话。'我回去就学《诗》。又有一天，他又独自站在堂上，我快步从庭里走过，他说：'学《礼》了吗？'我回答说：'没有。'他说：'不学《礼》，就不懂得怎样立足于社会。'我回去就学《礼》。我就听到过这两件事。"陈亢回去高兴地说："我提一个问题，得到三方面的收获，听了关于学《诗》的道理，听了关于学《礼》的道理，又听了君子不偏爱自己儿子的道理。"

陈亢认为，伯鱼是孔子的儿子，孔子或许有特别的学问教给伯鱼，所以才这样问伯鱼。听到回答以后，知道孔子对待自己的孩子同对待所有学生一样，并没有什么特别的传授，陈亢便更加崇拜孔子了。

头脑
风暴

　　有人认为"学诗""学礼"是中国古代社会的要求，在当今时代，我们只要学好文化知识，考一个好大学，找一份好工作就可以了，没有必要花费时间去"学礼"。

　　你赞同这种观点吗？请说说你的想法和理由。

礼无处不在

人无礼^①则不生^②，事无礼则不成^③，国家无礼则不宁^④。

——《荀子·修身》

① 礼：礼节、礼义。② 生：生存、生活。③ 成：成功。④ 宁：安宁。

人不讲礼义就无法生存，做事没有礼义就不能成功，国家没有礼义则不得安宁。

以礼相待是和谐社会人与人相处的理想方式，也是一个人在思想观念、文化素质、道德修养与社交能力等方面的综合表现。

没有"礼"，人就无法生存，事情就做不成，国家将会混乱、不得安宁。小到家庭，大到当今世界，处处离不开"礼"。

我国是一个礼仪之邦，"礼"是中华民族的优良传统，是国魂。如果人与人之间，国与国之间，彼此以礼相待、循礼而行，那么世界将更加和平安宁。

趣读故事

千里送鹅毛

唐朝时期，云南一个少数民族的首领为表示对唐王朝的拥戴，派特使缅伯高向唐太宗上贡，献上天鹅。路过沔（miǎn）阳河时，好心的缅伯高把天鹅从笼子里放出来，想给它洗个澡。不料，天鹅展翅飞向高空。缅伯高忙伸手去捉，只扯得几根鹅毛。缅伯高急得捶胸顿足，号啕大哭。随从们劝他说："已经飞走了，哭也没有用，还是想想补救的方法吧。"缅伯高一想，也只能如此了。

到了长安，缅伯高拜见唐太宗，并献上礼物。唐太宗见是一个精致的绸缎小包，便令人打开，一看是几根鹅毛和一首小诗。诗曰："天鹅贡唐朝，山高路途遥。沔阳河失宝，倒地哭号啕。上复圣天子，可饶缅伯高。礼轻情意重，千里送鹅毛。"唐太宗莫名其妙，缅伯高随即讲出事情原委。唐太宗连声说："难能可贵！难能可贵！千里送鹅毛，礼轻情意重！"

这个故事体现着送礼之人诚信的可贵美德。今天，人们用"千里送鹅毛"比喻送出的礼物虽微薄，但情意却异常浓厚。

国之四维不可丢

礼①义②廉③耻④，国之四维⑤；四维不张⑥，国乃⑦灭亡。

——《新五代史》⑧

① 礼：礼节、礼法。② 义：正义、道义。③ 廉：廉洁不贪。④ 耻：羞耻。⑤ 四维：维系社会稳定的四个道德标准和行为规范。春秋时代齐国的管仲把礼、义、廉、耻称为国之"四维"。⑥ 张：贯彻执行。⑦ 乃：就会。⑧《新五代史》：北宋文学家欧阳修编撰，原名《五代史记》，后世为区别于薛居正等官修的五代史，故称其为《新五代史》。全书共七十四卷。

礼、义、廉、耻，是维系国家的四项道德准则；如果这四项道德准则不能被推行，国家就极易灭亡。

礼、义、廉、耻是古代推行的道德准则，在进入新时代的今天它还适用吗？答案是肯定的。

要明白这一问题，我们首先要明白礼、义、廉、耻这四维的含义："礼"是指礼节、礼法，"义"是指正义，"廉"是指廉洁，"耻"是指要有羞耻之心。用现在的话说，人生在世，要有正确的"三观"，懂得应该崇敬什么，畏惧什么；什么是对的，什么是不对的；不能不识真善美，不辨假恶丑。如果整个社会都不遵守礼法、没有公平正义，人们都寡廉鲜耻、贪污无度、胡作非为，那么，岂不是会天下大乱吗？"四维不张"，则社会不可能进步，国家不可能安定繁荣。

同学们，我们是新时代的青少年，是国家未来建设和发展的中流砥柱，更要崇礼、行义、廉洁、知耻，以礼义廉耻来规范我们的行为。试想，连礼义廉耻都不顾的人，如何担当国家民族复兴的历史重任！

最早提出"国有四维"的是春秋时期的管仲。《管子·牧民》中有："国有四维，一维绝则倾，二维绝则危，三维绝则覆，四维绝则灭。倾可正也，危可安也，覆可起也，灭不可复错也。何谓四维？一曰礼，二曰义，三曰廉，四曰耻。"宋代欧阳修在编撰《新五代史·杂传·第四十二·冯道》时，引前人观点归纳为："礼义廉耻，国之四维；四维不张，国乃灭亡。"

大孝之道

且夫孝①始②于事③亲④，中⑤于事君，终于立身。

扬名于后世，以显⑥父母，此孝之大者。

——司马谈《命子迁》

① 孝：孝道。② 始：开始。③ 事：侍奉。④ 亲：父母。⑤ 中：继而，其次。

⑥ 显：显耀。

古文今译

孝道始于奉养双亲，继而忠诚侍奉君王，最终在于修身立命。自己扬名后世，使父母显耀光彩，这是最大的孝道。

以古论今

俗话说"百善孝为先"，那么什么是孝呢？孝只是侍奉、照顾父母吗？这一章告诉我们，"孝"的内涵远不止这一点。

司马谈是史学家司马迁的父亲，他临终时曾对儿子司马迁有一番教导，即《命子迁》，这算是父亲给儿子的一篇家训。司马谈告诉儿子司马迁，孝的初始境界是奉养自己的双亲，中等境界是忠君爱国，最高境界是修身立命。扬名于后世，以显父母，这才是大孝。

为什么孝道终于立身呢？因为立身之后才能更好地去侍奉双

亲，更好地忠于祖国、报效国家，更好地实现自身价值。自己有所作为，才是真正给父母脸上添光彩，是对父母而言最大的孝。

同学们，学习了这一章内容，我们应该懂得行孝尽孝不只是关爱、侍奉父母，还应做好自己，让自己成为优秀的人，不让父母操心。

司马谈（约前169—前110），西汉夏阳（今陕西韩城）人，史学家，是司马迁的父亲。司马谈为汉初五大夫，建元、元封年间任太史令，有广博的学问修养，曾撰写《论六家之要旨》。武帝元封元年（前110），他随同汉武帝赴泰山封禅，途中身染重病，留在洛阳，不久便去世了。在弥留之际，他嘱咐儿子司马迁要继承遗志，写好一部史书。

司马谈虽然未能动手撰写通史，但生前为《史记》的撰写积累了大量的第一手资料，确立了部分论点。其六家之说，不仅给司马迁为先秦诸子作传以重要的启示和借鉴，也给西汉末期名儒刘向、刘歆父子为先秦诸子分类奠定了基础。

司马迁的大孝

司马谈是汉武帝时的太史令，掌管天时星历，还职掌记录、收集并保存典籍文献的事务。这个职位是汉武帝新设的官职，司马谈在任期内也一直尽职尽责。

后来，司马谈的身体渐渐衰弱，感到自己命不久矣，但每当想到自孔子死后的四百多年间，诸侯兼并，历史的记载断绝，当今海内一统，明主贤君、忠臣义士等的事迹却未能书写下来流于后世，内心便深感遗憾。因此他热切希望儿子司马迁能完成他未完成的大业。

司马谈在临死的时候，拉着儿子司马迁的手嘱咐，要他继承自己太史令的事业，更不要忘记撰写史书，并认为这就是对自己的"大孝"。司马迁不负父命，接替了父亲太史令之职，并开始收集史料，写作《太史公书》(《史记》的原名)。

一天，汉将李陵与匈奴战败投降的消息传到了朝廷，大臣们都谴责李陵不该贪生怕死，向匈奴投降。汉武帝问太史令司马迁，想听听他的意见，而司马迁却为李陵辩解。汉武帝勃然大怒，把司马迁关进了监狱。后来，司马迁被处以残酷的宫刑，受尽屈辱。对于极重名誉的士人来说，遭受宫刑是奇耻大辱。但想到父亲的遗言，想到自己未完成的使命，司马迁忍辱负重地活下来，并最终以顽强的意志写就被誉为"史家之绝唱，无韵之离骚"的《史记》，从而名垂青史。

命子迁

西汉·司马谈

余先周室之太史也。自上世尝显功名于虞夏，典天官事。后世中衰，绝于余乎？汝复为太史，则续吾祖矣。今天子接千岁之统，封泰山，而余不得从行，是命也夫，命也夫！余死，汝必为太史；为太史，无忘吾所欲论著矣。且夫孝始于事亲，中于事君，终于立身。扬名于后世，以显父母，此孝之大者。夫天下称诵周公，言其能论歌文武之德，宣周邵之风，达太王王季之思虑，爰及公刘，以尊后稷也。幽厉之后，王道缺，礼乐衰，孔子脩旧起废，论诗书，作春秋，则学者至今则之。自获麟以来四百有余岁，而诸侯相兼，史记放绝。今汉兴，海内一统，明主贤君忠臣死义之士，余为太史而弗论载，废天下之史文，余甚惧焉，汝其念哉！

我们的先祖是周朝的太史。自上古虞夏之世就曾扬功显名，职掌天文之事。后世中道衰落，难道会断绝在我手里吗？你继我之后再做太史，这样就会接续我们祖先的事业了。现在天子继承汉朝千年一统之大业，在泰山举行封禅典礼，而我不能随行，这是命啊，是我的命啊！我死后，你必定要做太史；做了太史，不要忘记我想要撰写的著述啊。况且孝道始于奉养双亲，继而忠诚侍奉君王，最终在于修身立命。扬名后世，使父母显耀光彩，这才是最大的孝道。天下称道歌颂周公，说他能论述歌颂文王、武王的功德，宣扬周、邵的风尚，通晓太王、王季的思虑，乃至于公刘的功业，并尊崇始祖后稷。周幽王、周厉王以后，王道衰败，礼乐衰颓，孔子研究整理旧有的典籍，修复振兴被废弃破坏的礼乐，论述《诗经》《书经》，写作《春秋》，学者至今以之为准则。自鲁哀公十四年以来四百余年，诸侯相互兼并，史书丢弃殆尽。如今汉朝兴起，海内统一，明主贤君、忠臣死义之士，我作为太史都未能予以论评载录，断绝了天下的修史传统，对此我甚感惶恐，你可一定要记在心上啊！

尊老爱幼，推己及人

老^①吾老以及^②人之老，幼^③吾幼以及人之幼。

——《孟子·梁惠王上》

① 老：尊敬长辈。② 及：推广到。③ 幼：爱护晚辈。

尊敬自己的父母长辈，从而推广到尊敬所有人的父母长辈；爱护自己的孩子，从而推广到爱护所有人的孩子。

以古
论今

孟子说："仁者爱人。"可以说，"仁"就是一种爱，这种爱是由此及彼的爱。本章中，"老吾老以及人之老，幼吾幼以及人之幼"就是一种由此及彼、推己及人的爱。

"老吾老""幼吾幼"是爱的点，然后才是"及人之老""及人之幼"，即推己及人的爱。也就是说，尊敬自己的长辈，进而尊敬别人的长辈；关爱自己的子女，进而关爱别人的子女，把自己对待亲人之心推广到别人身上。这样就可以使天下安定，最终达到《礼记》所讲的"使老有所终，壮有所用，幼有所长，鳏寡孤独废疾者，皆有所养"的天下为公的"大同"社会。

当前我们国家实施的脱贫政策，我们努力建设的强国梦，我们追求的共同富裕，正在把这种社会理想变成现实。作为青少年学生，我们在生活中也要发扬尊老爱幼的传统美德，对待他人讲礼仪，适时给予他人帮助和关爱。

孟子（约前 372—前 289），名轲，字子舆。战国时期邹（今山东邹城）人，著名政治家、思想家、教育家，**儒家代表人物**。

孟子继承并发扬了孔子的儒学思想，把孔子的"仁"的观念，发展为**"仁政"**学说，提出**"民贵君轻"**的思想，成为仅次于孔子的一代儒家宗师，有**"亚圣"**之称，与孔子合称为**"孔孟"**。孟子的言论著作被收录于《孟子》一书。

《孟子》是《论语》之后最重要的儒家经典，由孟子和他的弟子记录并整理而成，共有七篇。记述了孟子一生的主要言行，突出了孟子主张仁义、反对暴政和武力兼并的政治思想，以及"民为贵，君为轻"的民本思想。

头脑
风暴

　　小丽同学的家里有位八十多岁的老奶奶，因为腿脚不好，拄着拐杖，有时生活不能自理，小丽一看到奶奶就皱起眉头，嫌弃地离得很远。

　　学了本章内容，你认为小丽做得对吗？你想对小丽说些什么呢？

成长中的『四戒四宜』

其道维^①何？约言之^②有四戒四宜^③：一戒晏起^④，二戒懒惰，三戒奢华，四戒骄傲。既守四戒，又须规以四宜：一宜勤读，二宜敬师，三宜爱众，四宜慎食。

——《纪晓岚家书》^⑤

① 维：为，是。② 约言之：简而言之。③ 宜：应该。④ 晏起：晚起。⑤《纪晓岚家书》久已失传。当代最早是 1935 年上海"东亚书局"印行、署名"虞山襟霞阁主"编写的版本。家书主要讲述教育子弟、善待奴婢、个人仕途浮沉等方面的事情。此后陆续有平如衡出版、中央书店 1937 年印行的《纪晓岚家书》和共和书局的《纪晓岚家书》。近期出版的《纪晓岚家书》是李金旺编写的"清代十大名臣家书系列"《纪晓岚家书》，据纪晓岚研究专家认为，这当中有相当一部分是从《阅微草堂笔记》中抄写改编。

教子之道有哪些呢？简而言之有四戒四宜：一戒贪睡，二戒懒惰，三戒奢华浪费，四戒骄傲。既要遵守四戒，又必须以四宜为规矩：一宜勤奋用功，多读圣贤书；二宜尊师重道，才能学有所成；三宜博爱众人，心胸宽厚；四宜谨慎饮食，有规律而不贪嘴。

纪晓岚是清代学界领袖，文坛宗师，学识渊博。纪晓岚的教子之道，在这封家书里体现为"四戒四宜"。这"四戒四宜"虽然字数不多，听起来也简单质朴，但含义深刻、内涵丰富。

"四戒"即"戒晏起""戒懒惰""戒奢华""戒骄傲"，这是对不良行为的告诫。

一戒晏起。就是不要赖床、睡懒觉。常言道"一日之计在于晨"，早晨空气新鲜，人的记忆力好，是一天中最好的时光，可以做的事情很多，不可以赖在床上白白浪费掉，曾国藩家的家规中就有"治家以不晏起为本"的规定。

二戒懒惰。人一辈子平庸，只因懒惰。俄国作家克雷洛夫说过："才能一旦让懒惰支配，它就一无可为。"就是说懒惰可以毁掉你的才能，毁掉你的前途，毁掉你的一切。

三戒奢华。唐代诗人李商隐说过："历览前贤国与家，成由勤俭破由奢。"家国成功之道在于"勤俭"；而奢华无度则往往导致家国没落。

四戒骄傲。曾国藩说过："古今天下之才人，皆以一傲字致败。"尽管人要有傲骨，但不可傲慢。

"四宜"即"宜勤读""宜敬师""宜爱众""宜慎食"，这是作者在为子女引导正确的方向。

一宜勤读。正所谓"书山有路勤为径，学海无涯苦作舟"，勤奋读书是我们取得成就、实现理想的必由之路。

二宜敬师。"师者，所以传道授业解惑也"，老师教会我们知识，教导我们做人的道理，我们应知恩图报，对老师怀感恩之心。

三宜爱众。一个人只有懂得关爱他人，尽自己所能献出爱心，他的世界才会变得更加美好。

四宜慎食。就是要注重饮食健康，适量、宜时，且卫生。《弟子规》言："对饮食，勿拣择。食适可，勿过则。"

纪晓岚的"四戒四宜"涵盖了身体健康、生活习惯、品德养成、行为习惯、学习习惯、为人处世等方方面面，给予子女以劝诫和引导，对于今天青少年的健康成长也有很大帮助。

纪晓岚（1724—1805），**名昀**（yún），**字晓岚**，别字春帆，号石云，道号观弈道人、孤石老人，直隶河间府献县人。清乾隆十九年（1754）进士，官至礼部尚书、协办大学士、太子少保。曾任《四库全书》总纂官。代表著作为《阅微草堂笔记》。

忠言未必要逆耳

劝人不可指其过①，须先美其长②。人喜则语言易入③，怒则语言难入，怒胜私④故也。

——曾国藩

① 指其过：指责他的过错。② 美其长：夸奖他的优点、长处。③ 易入：容易听进去。④ 私：此指私下交情，亲密的关系。

劝导别人的时候，不可开口就指责他的过错，必须先夸奖他的优点。人心情好的时候，很容易听进去劝导；生气、发怒的时候就不容易听进去，这是因为不好的情绪超过了你们之间的亲密关系。

俗话说："良药苦口利于病，忠言逆耳利于行。"这句话说多了，就会给人一种错觉，规劝别人时说的话必定多是批评他人的难听的话，好像不"逆耳"的话就不是"忠言"。其实并非如此，良药未必苦口，忠言也不一定逆耳。只要规劝他人的时候懂得说话的技巧方法，有礼讲理，同样会很中听，易于为人接受。

本章中，曾国藩就告诉我们应该怎样得体地规劝他人。曾国藩认为，劝导别人的时候，一定要"先美其长"，不可先"指其过"。"先美其长"，可以拉近与对方的距离，使其内心舒服、心情变好，这时候再去劝导，别人就容易接受；反之，先指责其过错，就会使对方原本因犯错而不好的心情更加糟糕，因而劝导的话就不容易被对方听进心里，还会引起对方的抵触甚至反感。

同学们，我们在与人相处时也要说话得体，讲究技巧、场合，以免破坏良好的人际关系。

与人打交道有『三省』

不贪财，不失信①，不自是②，有此三省③，自然人皆敬重④。

——《曾国藩家书》⑤

① 信：诚信。② 自是：自以为是。③ 省（xǐng）：检查自己的思想行为，反省。
④ 敬重：尊敬，尊重。⑤ 本章选自曾国藩致诸弟的一封家书，提及了与人相处的三个方面。

不贪恋财物，不失却诚信，不自以为是，一个人若经常从这三个方面自我反省，自然而然地，别人都会敬重他。

自我反省，可以帮助自己认识到自身的缺点和不足，避免再犯同样的错误，是我们成长的重要途径。

在本章中，曾国藩告诫家中兄弟，与人相处要做到"三省"。即反省自己是否做到不贪图钱财，不失信于人，不自以为是。一个人如果贪财，他人就不愿与之交往；而诚实守信是一个人立足社会的基础，孔子说过："人而无信，不知其可也。"除此之外，还要避免自以为是的毛病。自以为是的人很难听进去他人的建议、意见及批评，甚至会陷入自负自傲，这样的人也难以与人相处。

同学们，我们在成长过程中也需要不断自我反省，在反省中清楚地认识到自己在与人相处中是否存在不当之处，并及时改正，这样才能让自己变得更优秀，也才能获得他人的喜爱。

马谡失街亭

三国时诸葛亮北伐，因街亭是军事要地，便想派一位得力之人前去镇守。正在诸葛亮沉思犹豫的时候，马谡（sù）自告奋勇，要求前去镇守街亭，并立下军令状来表明自己的决心。

马谡读过不少兵书，平时很喜欢谈论军事，也有谋略，诸葛亮很信任他。但是刘备在世的时候，曾叮嘱过诸葛亮："马谡这个人言过其实，自以为是，不能派他干大事。"但诸葛亮没有把这番话放在心上。这一回，他派马谡当先锋，王平做副将，又派高翔、魏延领兵一万随后支援。

马谡和王平带领人马到了街亭，马谡看了地形，对王平说："这一带地形险要，街亭旁边有座山，正好在山上扎营，布置埋伏。"王平提醒他说："临走的时候，丞相嘱咐过，要坚守城池，稳扎营垒，在山上扎营太冒险了。"

马谡没有实战经验，自以为熟读兵书，根本不听王平的劝告，坚持要在山上扎营。王平一再劝说，马谡都不愿听。王平无奈，只好央求马谡拨给他一千人马，在山下临近的地方驻扎。

张郃率领魏军赶到街亭，看到马谡放弃城池不守，却把人马驻扎在山上，暗暗高兴，马上吩咐将士将蜀国军队围困在山上，并切断水源，放火烧山。

马谡及其所率军队，在又饥又渴和熊熊烈火威胁下，溃不成军，几乎全军覆没，街亭也因此失守，蜀军只能撤回汉中。因马谡的过失，此战损失惨重，诸葛亮不得不含泪斩杀了马谡。

头脑风暴

　　小明同学学习成绩很好，足球踢得特别棒，就开始骄傲自满，自以为是，有时说到却做不到，还爱贪小便宜。时间长了，小明发现同学都不爱搭理他，他为此也很苦恼。

　　学了本章以后，你认为小明的问题出在哪里呢？

　　如果你是小明，你会怎样反思自己，改善与同学的关系呢？

学礼

既要勤学，也要知礼

仁义礼智信温良恭俭让修身齐家

勤读圣贤书，尊师如重亲^①；礼义勿疏狂，逊让敦睦^②邻。

——范仲淹《范文正公家训百字铭》^③

① 重亲：尊重、敬重父母亲。② 敦睦：宽厚和睦。③ 《范文正公家训百字铭》：是范仲淹留下的仅有百字的简短家训，内容朴实无华，言简意赅，总结出立身处世、持家治业的要点，教导并激励着一代又一代人，可谓中华家训中的精华之作。

要勤奋研读圣贤之书，尊敬师长要像敬重自己的父母一样；要懂得礼仪道义，切勿疏忽轻狂，要懂得谦虚退让，对邻里宽厚友好。

　　有些同学或家长认为，只要读好书就可以了，以至于只知学习而忽略了生活能力、交际能力的培养，不懂得为人处世之礼。这种理念是极为片面的。

　　这一篇从读书、亲师、礼仪、睦邻四个方面给我们以教导、以启发。在读书方面，要读圣贤书，还要突出一个"勤"字；除了勤学苦读，还应该对老师常怀敬重感恩之情，就像对待自己的父母一样；与人相处，要以礼待人，切勿轻狂；对待邻里要做到态度宽厚和睦。这样，我们才能成长为一个知书达礼的人。

　　本章虽然只有二十个字，却从多方面告诫我们，一个人既要勤学，也要知礼。

范仲淹（989—1052），字希文，北宋政治家、文学家，谥号**"文正"**。进士出身，宋仁宗时官至参知政事（副宰相）。曾守卫西北边疆，当时民歌把他描绘成"西贼闻之惊破胆"的英雄；政治上积极主张改革，为当时著名的政治家。范仲淹散文、诗、词均有名篇传世，其词存世不多，但意境宏阔，气象雄奇，风格豪放，对苏轼等有一定影响。著有《范文正公集》。

范文正公家训百字铭（全文）

宋·范仲淹

孝道当竭力，忠勇表丹诚；

兄弟互相助，慈悲无过境。

勤读圣贤书，尊师如重亲；

礼义勿疏狂，逊让敦睦邻。

敬长与怀幼，怜恤孤寡贫；

谦恭尚廉洁，绝戒骄傲情。

字纸莫乱废，须报五谷恩；

作事循天理，博爱惜生灵。

处世行八德，修身率祖神；

儿孙坚心守，成家种善根。

大意

　　尽孝道当竭尽全力，忠诚勇敢以表赤诚之心；兄弟姐妹互相帮助，仁慈悲悯没有尽头。勤奋研读圣贤之书，尊敬师长要像敬重父母一样；要懂礼仪、道义，切勿疏忽轻狂，要懂得谦让，对待邻里宽厚友好。尊敬长辈关怀幼小，怜悯体恤孤寡贫苦之人；要谦恭廉明，戒骄戒躁。要节俭，莫浪费，常怀感恩之心；做事顺应天理，慈悲为怀，爱惜生命。处世奉行"八德"，修身谨遵前人教诲；后辈们要坚守家训，才能打好根基，发扬祖业。

头脑
风暴

小虎是个调皮的孩子，因为缺乏引导，慢慢开始变得不讲文明礼貌，对家长大呼小叫，对邻居说话一点也不客气，甚至有时还不明原因地顶撞老师。小虎的妈妈知道后，一点也不在意，说道："我只关心小虎的学习，只要成绩好就行了！"你赞同小虎妈妈的观点吗？

学了本章后，你会怎样劝说小虎或小虎的妈妈？

清正廉洁，一身正气

后世子孙仕宦^①，有犯赃滥^②者，不得放归本家^③；亡殁^④之后，不得葬于大茔^⑤之中。不从吾志，非吾子孙。

——《包拯家训》

① 仕宦（huàn）：做官。② 赃滥：贪污财物。滥，贪。③ 本家：老家。④ 亡殁（mò）：死亡。⑤ 大茔（yíng）：祖坟。

后代子孙当官从政，假若为官不廉、贪赃枉法者，不得放回老家，死了不得葬入包家祖坟。假若不遵从我的意志，就不是我的子孙后代。

做人做事，应当遵从法礼，刚正不阿。北宋的包拯就是历史上铁面无私、执法如山、一身正气的典范。不仅如此，他还严格要求家人不许贪赃枉法，并在家中立碑刻训，以警诫教育子孙后代。《包拯家训》即是包拯对子孙后代为官清廉的严格要求，言语掷地有声，令人肃然起敬。

《包拯家训》对于今天的我们，仍具有重要意义。试想，一个干部如果利欲熏心，则难以立身；一个国家腐败不除，则难以立国；一个政府贪污不除，难以立信；一个政党贪腐不除，则难以立本。

同学们，作为新时代的少年，我们从小就要学法知礼，敬畏法律，才能在以后的人生旅途中不迷失方向、不走错路而走得更远；长大后才能做到严于律己，忠于职守，使我们伟大的祖国更加繁荣富强。

包拯（999—1062），北宋大臣，天圣年间进士。曾任监察御史、历任三司户部副使、天章阁待制、知谏院、龙图阁直学士、知开封府、权御史中丞、三司使等职，官至枢密副使。卒后追赠礼部尚书，谥孝肃。

包拯廉洁公正，刚正执法，不畏权势，铁面无私，世称"黑脸包青天"，民间称其为"包青天"。有《包孝肃奏议》十卷传世。

《包拯家训》简介

《包拯家训》是包拯晚年为子孙后代制定的一条家训，共三十七字，下面还写着："仰珙（gǒng）刊石，竖于堂屋东壁，以诏后世。"这则家训虽短，却掷地有声，凝聚着包公的一身正气、两袖清风，可谓史上最为严厉的家训，读之令人肃然起敬，虽千载之下，亦足为世人风范。

包拯不持一砚归

大家都知道，笔、墨、纸、砚是古代文房四宝。端州出产的端砚，不仅石料颜色漆黑发亮，细润如玉，晶莹可爱，而且花纹美观，层次丰富，墨香四散，磨墨时悄无声息，居中国四大名砚之首，自唐代就是贡品。

据《宋史》记载：宋仁宗康定元年，包拯被调到端州做地方官。到任不久就了解到过去的州官都借进贡的名义，大肆采制端砚，贿赂达官显贵。他上任后规定每年严格按进贡之数采石制砚，任何人不得从中徇私谋利，并且正身律己。按理说，身为盛产端砚的端州地方官，日夜躬笔耕耘，用一方好砚也无可厚非。然而，包拯却婉言谢绝："我多年一直用的都是普通石砚，如此高贵的端砚，当呈圣上所用，自己用则糟蹋了。"

包拯直到在端州三年任期届满离去，都没拿一块端砚。"岁满不持一砚归"，千百年来一直被传为佳话，后来更演变为一个美丽的传说。

　　据传，包拯任职期满赴京（开封）任职时，船出羚羊峡。突然波浪翻腾，狂风骤起，一块黄布被风刮出。包拯立即查问手下人，原来是端州砚工为了表达他们对包拯体恤民情的敬仰，托人送来了一方用黄布裹着的端砚。手下人见是一方石砚，并非金银珠宝，便收下了。包拯一听，当即命令书童将砚取出。这块端砚，外包黄布袱，砚身雕龙刻凤，鸲（qú）鹆（yù）眼碧绿晶莹，果然是方好砚。但他却随手将端砚抛到江中。后来，在包拯掷砚处便隆起了一块绿洲，这就是砚洲岛。包砚的那块黄布，在不远处的西江边形成了一片黄色的沙滩，这就是现在的"黄布沙"。

　　包拯卸任端州知府后，继续在京城开封为官，其清廉之名更是誉满朝野，连端砚也随之涨了身价。

别
让
爱
偏
离

为人母者，不患不慈，患于知爱而不知教也。古人有言曰："慈母败子。"爱而不教，使沦于不肖[1]，陷于大恶[2]，入于刑辟[3]，归于乱亡，非他人败也，母败之也。自古及今，若是者多矣，不可悉数[4]。

——司马光《家范》

① 不肖：品行不端，没有出息。② 大恶：大罪过。③ 刑辟：刑法，刑律。④ 悉数：详细地一个一个列举。

　　身为母亲，不应担心对孩子不慈爱，而应担心只知溺爱却不知

管教孩子。古人说："慈母败子。"爱而不教，会致使子女沦为品行

不端的人，犯下不可饶恕的大罪，遭受刑罚制裁，最后走向作乱和

灭亡。这不是别人毁掉了子女，而是慈母毁掉了子女。从古到今，

像这样的事情太多了，多到无法详细地一一列举出来。

以古
论今

　　母爱是世界上伟大而无私的爱，历来广为世人称颂。但古语也

有云："慈母多败儿。"是说母亲的爱一旦变成了偏离原则的溺爱，

就会给子女的成长带来莫大的危害。

　　这一章里，司马光逐层深入，揭示了"慈母败子"的危害，即

"使沦于不肖，陷于大恶，入于刑辟，归于乱亡"，给那些只知溺

爱、不思管教的父母以警醒。

如今的社会有许多独生子女，几家几代人看护一个孩子，更是百般呵护，疼爱有加，致使很多孩子从小衣来伸手，饭来张口，不知稼穑（sè）之艰，不晓生计之难，甚至任性孤行，毫无规矩，他们不仅缺乏社会生存能力，也极易沾染各种恶习、误入歧途。

为使家庭教育更加科学规范，更有利于促进未成年人健康成长，国家出台了《中华人民共和国家庭教育促进法》，教育孩子的重要性也由家事上升为国事。作为父母，要树立科学教子、依法教子、为国教子的意识，给孩子健康成长以正确的教导，不要让爱偏离，不要以爱的名义给孩子带来伤害。

同学们，我们自己也要清醒地意识到：沉浸在父母的溺爱中对自己的成长并无益处；父母对我们严加管教，是对我们负责任，让我们不至于误入歧途，成长得更好。明白了这一点，当父母严格要求和教导时，我们就能理解父母的良苦用心了。让我们和父母一起把握住爱的方向，让爱成为我们健康成长的阳光雨露，成为我们人生道路上的不竭动力。

司马光的巨著《资治通鉴》世人皆知，为历代政治家、军事家所必读。而司马光却说，他的另一部书比《资治通鉴》更重要，那就是《家范》。欲治国者，必先齐其家。就研究立身处世和处理复杂的周边矛盾而言，《家范》确实比《资治通鉴》更重要，更实用。《家范》是受历代推崇的家教范本，全书共19篇，系统地阐述了封建家庭的伦理关系、治家原则，以及修身养性和为人处世之道。书中引用了许多儒家经典中的治家、修身格言，对后世颇有启发性。另外，书中还收集了许多历代治家有方的实例和典范，为后人树立楷模。

一罐咸鱼

东晋时期有位名将叫陶侃，他年轻时是寻阳县（今湖北黄梅）管理渔业的一个小官。

一次，陶侃托人带给母亲一罐咸鱼。母亲见到儿子送来的咸鱼，却非常生气，并将那一罐咸鱼原封不动地退回，同时还写了一封信责备儿子："你当上了管理渔业的小官，就把官府的鱼送给我，非但对我没有任何好处，反而使我为你感到担忧。为官者应当清廉，将官府的东西挪作私用是不可取的。"母亲的话使陶侃羞愧不已，深受教育。

陶侃的母亲湛氏被后人誉为中国古代"四大贤母"（孟母、欧阳母、岳母、陶母）之一。

做简单质朴之人

器具^①质而洁^②，瓦缶^③胜金玉；饭食约而精，园蔬^④愈珍馐^⑤。

——《朱子家训》

① 器具：指饮食用的餐具。② 质而洁：质朴而干净。③ 瓦缶（fǒu）：泥土做成的瓦器。④ 园蔬：菜园的蔬菜。⑤ 珍馐（xiū）：指珍奇名贵的食物。

吃饭用的餐具，只要质朴、干净，即使是泥土做成的瓦器，也会胜过金玉所做的器皿。饮食上讲究节约适度，即使是田园时蔬、粗茶淡饭，也胜过大鱼大肉，山珍海味。

　　有人比较虚荣，喜欢在生活上攀比，衣服要买名牌的，器具要求精美的，饮食需要精致的。这一章就直接告诉我们：做人要注重本质，不慕虚荣，要做简单质朴之人。器具的功能是盛装东西。至于是用泥土烧制的器具还是用金玉制成的器具，在功能上并没有什么区别，只要整洁、干净就好，不必在意是"瓦缶"还是"金玉"。饮食在于节制适度，而不在于食材的珍稀名贵。

　　生活如此，做人亦如此。人贵在德行学识，而不在外表相貌。因此我们要摒弃虚荣的奢靡浮华，注重事物本质，做一个简单质朴、对社会有用的人。

头脑风暴

　　小丽同学家里很有钱，生活起居一切用品都要用名牌的，学习也不努力，认为有钱即可，还对同学傲慢无礼。结合本章内容，你会怎样劝诫小丽呢？

善小要常为，恶小不可为

勿^①以恶小而为之，勿以善小而不为。

——《三国志·蜀书·先主传》^②

① 勿：不要。② 《三国志》是西晋史学家陈寿所著，是记载三国时期的曹魏、蜀汉、东吴历史的纪传体断代史，是二十四史中评价最高的"前四史"之一。《三国志·蜀书·先主传》是作者为蜀汉先主刘备立的传，是《三国志·蜀书》的第二篇，总第三十二卷。

　　不要以为是很小的坏事就去做；不要以为是很小的好事就不去做。

在现实生活中，可能会有这样的同学，一心想着将来要做大事，对于眼下的小事却不屑去做。相反，也有另一类同学，他们是大错不犯，小错不断，他们认为虽然是做了错事、坏事，但那些都是小事，无关紧要，做了也不要紧。这一章就明确告诉我们，这两种态度都是不可取的。

三国时期，刘备临终时对儿子刘禅很不放心，除了把他托付给丞相诸葛亮外，还给刘禅留了遗诏。遗诏中教育他"勿以恶小而为之，勿以善小而不为。惟贤惟德，能服于人"，目的是劝勉刘禅进德修业，有所作为。

大家知道，做好事要从小事做起，积小成大，也可成大事；坏事也要从小事开始防范，否则积少成多，也就成了大恶。小善积多了就成为利天下的大善，而小恶积多了则"足以乱国家"。所以，不要以为是很小的好事就不做，更不能以为是很小的坏事就去做。

善恶不分大小，不能以善恶性的大小来规范行为，只有行善去恶才是做人的基本原则。

雷锋出差一千里，好事做了一火车

毛泽东说过："一个人做点好事并不难，难的是一辈子做好事，不做坏事。"雷锋就是这样一个人，他立足平凡的岗位，以"为人民服务"为精神指引，做了一辈子好事。

一次，雷锋外出在沈阳站换车的时候，一出检票口就发现一群人围着一个背着小孩的中年妇女，原来这位妇女从山东去吉林看丈夫，车票和钱丢了。雷锋就用自己的津贴费买了一张去吉林的火车票塞到她手里。妇女含着眼泪说："大兄弟，你叫什么名字，是哪个单位的？"雷锋只说："我叫解放军，就住在中国。"

五月的一天，雷锋冒雨去沈阳，为了赶早车，早晨5点多就起床，带了几个馒头就披上雨衣上路了。路上，他看见一位妇女背上背着一个小孩，手里还领着一个小女孩，也正艰难地向车站走去。雷锋脱下身上的雨衣披在妇女身上，又抱起小女孩陪他们一起来到车站。上车后，雷锋见小女孩冷得发抖，又把自己的贴身线衣脱下来给她穿上，料想她们早上也没吃饭，就把自己带的馒头给她们吃。火车到了沈阳，天还在下雨，雷锋又把她们送到家里。

过年的时候，雷锋和战友们一起打乒乓球，想到年节是服务和运输部门最忙的时候，便又放下球拍，叫上同班的几个同志，一起请假后直奔附近的瓢儿屯车站，帮着打扫候车室、给旅客倒水。

雷锋永不停息、全心全意地为人民做好事，其伟大之处正是体现在那些"小善"之举上，使之成为时代楷模、最美奋斗者。

小华同学是个品学兼优的孩子，他平时在学校里不是帮这个同学辅导功课，就是帮那个同学打扫卫生，经常被老师和同学夸奖。小明不服气地说："不就是做了点小事吗？有什么了不起的？"

　　学习了本章内容之后，你有什么想对小明说的呢？

做一个有德才的人

行^①高者，名^②自高。人所重^③，非貌高。才大者，望自大。人所服，非言大。

——李毓秀《弟子规》

①行：德行。②名：名望。③重：看重，敬重。

德行高尚的人，名望自然就高。人们敬重的是他的品德，不是他的外表。才学渊博的人，声望自然会大，人们佩服的是他的才学，不是他的夸夸其谈。

生活中总有人抱怨不被人理解，不受重视，于是总想粉饰自己，使自己形象变得更高大、更漂亮，或炫耀吹嘘自己，以增加自己的筹码。这样做能达到自己想要的效果吗？

本章告诉我们，人们看重的是一个人内在的道德品行以及真正的才华学识，并非他的外在条件及能说会道。所谓"桃李不言，下自成蹊"，希望大家集中精力好好学习，学好本领，提升道德修养，做一个真正有德行有才华的人，做有利于家庭、有利于社会、有利于国家的人。只有这样才能赢得别人的尊重。

孔子看错了两个弟子

在孔子的诸多弟子中，有一个名叫宰予的，他口齿伶俐，能言善辩，一开始给孔子留下的印象很不错，但后来渐渐露出了真面目。他既无仁德又十分懒惰，不读书听讲，甚至在大白天睡大觉。为此，孔子生气又无奈地骂他："朽木不可雕也，粪土之墙不可圬也！于予与何诛？"意思是说，腐烂的木头无法雕刻，粪土堆成的墙面无法涂抹干净！对于宰予这样的人，责备他又有什么用呢？孔子也由此改变了判断一个人的方法，他认为应"听其言而观其行"。

孔子的另一个弟子叫澹台灭明，字子羽。子羽相貌丑陋，孔子一开始认为他资质低下，不会成才。但子羽从师学习后，就致力于修身实践，且处事光明正大，不走邪路，没有公事从不私下会见公卿大夫。后来，子羽游历到长江，跟随他的弟子有三百人，声誉很高，各诸侯国都传颂他的贤德。

孔子曾感慨地说："我只凭言辞判断人品质能力的好坏，结果对宰予的判断就错了；我只凭相貌判断人品质能力的好坏，结果对子羽的判断又错了。"

做一个感情丰厚的时代新人

恻隐①之心，仁之端②也；羞恶③之心，义之端也；辞让④之心，礼之端也；是非之心，智之端也。

——《孟子·公孙丑上》

① 恻隐：怜恤、同情。② 端：发端、开始。③ 羞恶：因自身不善而感羞耻，因他人不善而感憎恶。④ 辞让：推辞、谦让。

恻隐之心是仁的开始，羞耻之心是义的开始，辞让之心是礼的开始，是非之心是智的开始。

当今社会需要的不是冷漠无情之人，而是感情丰厚的时代新
人。我们应该具有哪些感情呢？

在这一章中，孟子就告诉我们要有"恻隐之心""羞恶之
心""辞让之心""是非之心"，并认为这"四心"是"仁、义、
礼、智"这四种德行的萌芽和开端，还需要后续的扩充汇聚扩
大，才能形成不竭的溪流，汇成汹涌澎湃的江水。

在经济科技迅猛发展、各种思潮交汇的新时代，我们还有必
要秉承这"四心"吗？真理永不过时，孟子的"四心""四端"
学说，历经两千多年，至今仍给我们启迪。我们是新时代少年，
实现民族复兴的大任将落在我们肩上，只有对弱势群体怀着关切
同情的恻隐之心，才能想着为人民谋幸福，想着为国家谋复兴，

才能不忘自己肩负的重任；只有明耻辱，辨善恶，知廉耻，讲道德，才能爱憎分明；只有讲究谦逊礼让，讲奉献，才能够顾全大局，团结协作，凝聚力量；只有充满智慧，明辨是非，才能伸张公平正义，社会才能健康发展。

同学们，做一个有道德、知廉耻、晓情理、明是非的新时代少年，将来才能担当时代大任。

冯谖替孟尝君买"义"

冯谖（xuān）是战国时代齐国人，后来成为齐国相国孟尝君的一名食客。

有一天，孟尝君询问府中门客："有谁熟悉算账理财，能够替我到薛地去收债？"

冯谖自告奋勇地说自己可以完成这个任务。临行前，冯谖问孟尝君："债收齐后，买些什么东西回来？"孟尝君答道："你看我缺少什么就买什么吧！"

冯谖驱车到了薛城，召集那些应当还债的百姓来核对借据。借据都核对完了，冯谖竟假托孟尝君的命令，当众焚毁了借据，并说钱不用还了。老百姓非常感动，齐呼万岁。

冯谖回来后，孟尝君问他："债收齐了吗？你买了些什么东西？"

冯谖答道："都收齐了。您说家里缺什么东西就买什么，而您库里堆满了钱财，畜栏里养满了牲畜，堂下站满绝色美人。唯一缺少的只有'义'，所以我就替您买回了'义'。"

孟尝君感到不解，冯谖便解释道："如今您拥有薛地，却不能爱护那里的百姓，反而向百姓收取利息，我私自假传您的命令把借据烧了，百姓对您感恩戴德，齐声欢呼万岁，这就是我给您买的'义'啊。"

孟尝君听了不高兴，但又觉得有道理，只能作罢。

后来齐王听信谗言，解除了孟尝君的职位。除冯谖外，其余门客都弃他而去了。万般无奈之下，孟尝君只得回到自己的封地薛城。在离薛城百里远的地方，薛城的百姓纷纷走上街头，欢迎他的到来。孟尝君对冯谖说："先生替我买的'义'，到今天终于起了作用。"

仁义不像货物那样看得见摸得着，因此孟尝君对冯谖"买仁义"的举动非常不高兴。但当孟尝君被贬回到封地薛城时才认识到昔日失去的今天都加倍得到了回报，可见仁义重于利。

处世的大智慧

86

德行广大而守①以恭者，荣；土地博裕②而守以俭者，安；禄位③尊盛而守以卑者，贵；人众兵强而守以畏④者，胜；聪明睿智而守以愚者，益；博文多记而守以浅者，广。

——周公旦《诫伯禽书》⑤

① 守：坚守。② 博裕：广博富饶。③ 禄位：俸禄地位。④ 畏：谨慎畏惧。⑤《诫伯禽书》是伯禽去其封地鲁地之前，周公告诫他的一段话，首开中国古代仕宦家训的先河，对后世有着深远的影响，被誉为中国第一部成文的家训。

德行广大却又能以谦恭的态度自处的人，会得到荣耀；土地广博富饶却又能保持节俭的人，会永远平安；官高位尊却又能保持谦卑的人，会更显尊贵；兵强势众却又能保持谨慎畏惧的人，必能常胜不败；聪明睿智却用愚拙态度处世的人，将获益良多；博闻强记却能保持谦虚的人，见识将更广。

同学们，你们知道吗？有小聪明的人很多，但是有大智慧的人却很少。什么才是大智慧呢？这一章向我们展示的就是为人处世的大智慧！

周成王亲政后，将鲁地封给周公之子伯禽，伯禽便成了鲁国的第一代国君。《诫伯禽书》便是周公告诫儿子伯禽的家书。本章是

《诫伯禽书》的第三段，本段中周公告诫儿子伯禽做到六"守"，并说明了其作用："德行广大而守以恭者"则"荣"，"土地博裕而守以俭者"则"安"，"禄位尊盛而守以卑者"则"贵"，"人众兵强而守以畏者"则"胜"，"聪明睿智而守以愚者"则"益"，"博文多记而守以浅者"则"广"。

这里周公将从政之道上升到关乎"王家"兴衰存亡的高度，其目的是教给儿子治国理政的大智慧，教导儿子要保持自谦、自律的美德。

作为生活在新时代的我们，更当注重提升品德修养，积累丰富的知识，以智慧的头脑、博大的胸怀，做到厚德载物。

周公，**姓姬名旦**，是周文王第四子，周武王的弟弟，曾两次辅佐周武王东伐纣王，并**制作礼乐**。因其封地位于周原地区，封爵名为"上公"，故称"周公"。他是西周初期杰出的**政治家、军事家、思想家、教育家**，被尊为"**元圣**"和**儒学先驱**。周公一生的功绩被《尚书·大传》概括为："一年救乱，二年克殷，三年践奄，四年建侯卫，五年营成周，六年制礼乐，七年致政成王。"周公摄政七年，制定了各方面的典章制度，完善了宗法制度、分封制、嫡长子继承法和井田制。周公摄政的第七年还政给周成王，正式确立了周王朝的嫡长子继承制，这些制度的最大特色是以宗法血缘为纽带，把家族和国家融合在一起，把政治和伦理融合在一起，这一制度的形成对中国封建社会产生了极大的影响，为周王朝八百年的统治奠定了基础。

头脑
风暴

　　小美同学为了评上这学期的优秀三好学生，最近经常在同学和老师面前表现自己，还老夸自己做了很多好事，你想对小美说些什么呢？

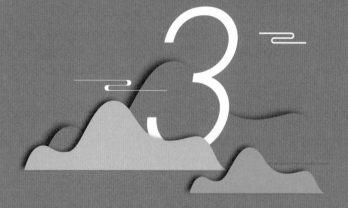

用
礼

谁知盘中餐，粒粒皆辛苦

一粥一饭，当思^①来之不易；半丝半缕，恒^②念物力^③维艰^④。

——《朱子家训》

① 当思：应当想到。② 恒：常常。③ 物力：物资财力。④ 艰：困难，艰辛。

吃饭时，我们应该想到这一粥一饭来之不易；穿衣时，就要常惦念这衣物中一丝一缕生产时的艰辛。

　　同学们生活在幸福之中，饭来张口，衣来伸手。不仅如此，饭菜不合口味还不高兴，衣服不好看还不会要。许多同学根本不会去想，粮食蔬菜、布料衣物是怎么来的？更不会想到其中饱含的艰难辛苦。这一章却恰恰给我们补上了这缺失的一课。

　　本章出自明末清初著名理学家、教育家朱柏庐的《朱子家训》，它告诉我们：从平时吃的一粥一饭，要想到它们来之不易；从平时的衣着装饰，要想到付出了多少艰辛的劳动才能得到。因此我们要珍惜粮食，珍惜生活物品，不能铺张浪费，也不能奢华无度。

　　同学们，我国是中国共产党所领导的社会主义国家，现在已经全面建成小康社会，稳定实现农村贫困人口生活"两不愁三保障"，即不愁吃、不愁穿，义务教育、基本医疗、住房安全有保障。但是这些成果也是无数人通过辛苦努力才获得的，得之不易。因此对于已经拥有的，我们也要珍惜，要尊重人民的劳动成果。

悯农二首

唐·李绅

其一

春种一粒粟，秋收万颗子。

四海无闲田，农夫犹饿死。

其二

锄禾日当午，汗滴禾下土。

谁知盘中餐，粒粒皆辛苦。

（其一）

在春天种下一粒种子，到了秋天收获了万粒粮食。普天之下，没有荒废闲置的土地，但即便这样，劳苦的农民仍然有因吃不饱肚子而被饿死的。

（其二）

正午时分，炎炎烈日下，农民还在田里除草，颗颗汗珠滴落在禾苗下的土地上。谁知道这盘中的米饭，每一粒都饱含着农民的辛劳。

小虎同学的家境优越，住着别墅，他对吃饭特别挑剔，不合口味的饭菜一口不吃，甚至还把碗筷摔到地上。

　　你如何看待小虎的行为？结合本章内容，你可以怎样劝诫小虎呢？

尊重别人，学会相处

人不闲，勿事搅①。人不安，勿话扰②。人有短③，切莫揭。人有私④，切莫说。

——李毓秀《弟子规》

① 搅：打搅，搅乱。② 扰：干扰，扰乱。③ 短：短处、缺陷。④ 私：隐私。

　　别人忙碌无闲暇的时候，不要因小事去打搅他；当别人心烦不安的时候，不要说些闲言闲语干扰他。别人的短处、缺陷，一定不要随意揭露出来；别人的隐私，绝对不要去到处宣扬。

与人相处的礼仪技巧很多，"人不闲，勿事搅；人不安，勿话扰"讲的是，在别人忙碌的时候，不要去添乱；在别人不安的时候，不要再讲闲言碎语去刺激他。在人与人相处的过程中，我们不能以自己为中心，说话、做事都要充分考虑、顾及别人的情绪和感受，注意场合。

"人有短，切莫揭；人有私，切莫说"告诉我们，别人的短处、隐私，即使自己知道也不要轻易说出来，更不要到处向他人宣扬，否则会给别人造成伤害，增添他人对你的厌恶，有百害而无一利。

同学们，与人相处要讲究礼仪、道义，尤其是朋友之间，要尊重对方，多替对方着想，多考虑一下对方的感受，这样才能增进友谊，让彼此共同成长。

头脑风暴

　　小芳同学的妈妈因为遭遇了一场车祸而瘫痪在床，为了贴补家用，小芳在放学后会悄悄地去垃圾桶捡废品。有一次，小芳在捡瓶子的时候被小明看到了，小明回到学校就四处说小芳捡垃圾卖钱。

　　结合本章内容，你有什么想对小明说的呢？

　　除了劝诫小明，你还可以怎样宽慰小芳呢？

其不善者而改之

居有恶邻①，坐有损友②，借以检点自慎，亦是进德之资③。

——申居郧（yún）《西岩赘语》

① 恶邻：凶恶的、品德不好的邻里。② 损友：对自己有害的朋友，对自己的品行产生不良影响的朋友。③ 资：取资、借鉴的意思。

居家有品德不好的邻居，交往中有损人利己的朋友，如果以他们为借鉴来检点自己的行为，让自己谨慎行事，也可作为提升自身道德修养的方法。

在生活中，我们不可能永远遇到善良、有德行的人，甚至不能避免身边的亲人、朋友等身上也存在某些恶习。"居有恶邻，坐有损友"，这一定是令人烦心不快的事情。这时，该以什么样的态度与人相处，应对这些烦心事呢？

这一章中，申居郧教我们从另一角度看待这一问题，那就是将"恶邻""损友"的不良言行看作一面镜子或当作反面教材，时时检察、反省自己，让自己谨慎，避免犯类似的过错。这样就可以变不利因素为有利，引以为戒，提升自己的道德修养。

正如孔子所说："三人行必有我师焉，择其善者而从之，其不善者而改之。"我们不仅要从榜样人物身上学习优点长处，还要从"恶邻""损友"等"不善者"身上吸取教训，反省自己，做到"有则改正，无则加勉"，这也是为人处世的一种深沉的智慧！

从一介武夫到文武双全

咸丰十年的时候，河南固始县令张曜（yào）被提拔为知府，不久又擢（zhuó）升为河南布政使。正在他春风得意的时候，一份弹劾他的奏章打破了他的升官梦。

弹劾之人是时任御史刘毓（yù）楠，奏章中说他"目不识丁"，没文化，当个武官还可以，当一省的行政首脑恐怕不太合适。

刘毓楠的奏章击中了张曜的痛处，他从小不喜欢读书，只喜欢舞枪弄棒，练就一身好武艺。咸丰初年，张曜因为智退捻军有功，被破格任命为固始县令。咸丰皇帝看到刘毓楠的奏章，觉得有道理，便下诏免去了张曜河南布政使的职务，改授为南阳总兵。

虽然官阶待遇没有太大变化，但这毕竟不太光彩。遭此羞辱的张曜自然愤愤不平，可冷静下来一想，刘毓楠也没说错。他痛定思痛，决心读书学习，补上文化短板。谁来当自己的老师呢？张曜觉得自己的夫人熟读诗书，是个才女，可以跟她学。他把自己的想法跟夫人一说，没想到夫人一本正经回答道："要教你可以，但必须有一个条件，就是要行拜师之礼，恭恭敬敬地学。"张曜满口应承，马上穿起朝服，正式对她行了拜师之礼。

从此以后，张曜公事之余，都由夫人教读经史。每当他学习有些厌倦、懒惰之时，夫人就摆出老师的架子，把他吓得躬身肃立听训，不敢不敬。为了时刻铭记当初的羞辱，张曜还请人刻了一方"目不识丁"印章，佩在身上，随时鞭策自己。

几年之后，张曜终于成为一个很有学问的人。后来，他升任山东巡抚，又有人写奏章参他"目不识丁"。这次，他不再沉默，上书请皇上面试，结果皇上和大臣们都暗暗称奇，被他的学问所折服。

从目不识丁的一介武夫，到文武双全的封疆大吏，张曜最为感激的，除了自己的夫人，就是当初揭开他伤疤的刘毓楠。后来，刘毓楠因事被弹劾罢职，回了老家，张曜得知刘毓楠家贫，便不计前嫌，以千金相赠。此后每年都会给予周济，直到刘毓楠去世，以感念刘毓楠的玉成之恩。

　　生活中，每个人难免都会有受伤的时候，伤疤给人疼痛，但也会给人力量。就像张曜那样，曾经不堪的羞辱，却成了他一生最强劲的动力。

说话要讲分寸

真开不
起玩笑！

尖酸语①称快一时②，当之者③终身怨恨。

——曾国藩

① 尖酸语：尖酸刻薄的语言。② 称快一时：图一时之快。③ 当之者：当事人，即被讥讽之人。

说尖酸刻薄的话语只能图一时之快，而被你讥讽之人可能会对你怨恨终身。

　　但凡有礼貌、品行好的人，都不会轻易说出尖酸刻薄的话来讥讽他人。但生活中总有一些图口舌之快的人，因为说话毫无分寸而得罪他人，导致人际关系恶劣。

　　这一章就告诉我们，说话者逞一时之快，可能遭到他人终身的怨恨。正所谓"良言一句三冬暖，恶语伤人六月寒"，恶语伤人是非常无礼的行为，对自己而言会破坏与他人的关系，对他人而言则可能造成心理上巨大的创伤。

　　同学们，我们要吸取教训，做一个有修养的人，与人为善之人，注意说话的技巧方法，即使是批评的话语也要尽量委婉，讲究分寸。不要因逞一时之快而成为他人嫌恶之人。

张郃官渡投曹

张郃（hé）原是三国时袁绍手下的一员战将。在官渡之战中，袁绍派大将淳于琼督运粮草，囤积在乌巢。曹操于是赶往乌巢袭击淳于琼。

张郃劝谏袁绍说："曹操兵士虽少，但英勇善战，万一淳于琼守不住乌巢就糟了，我以为应该派重兵支援乌巢。"袁绍的谋士郭图却说："张郃说的不是好主意。我军应该先袭击曹操的大本营，曹操势必回救，乌巢之围便不救自解。"张郃反驳道："曹操营盘牢固，不可能很快攻下。如果淳于琼被擒，我们断了粮草就输定了。"

袁绍采取郭图的方案，重兵攻打曹操的大本营。结果不但没攻下曹营，反被曹操智劫乌巢，粮草被烧。袁绍的军心动摇、不战自败。

郭图知道这次失败是由于自己的计策不当造成的，便恶人先告状，向袁绍诬告说："张郃对这次失败竟然幸灾乐祸，诽谤主帅无能，说话极其傲慢无礼。"张郃知道后，生怕袁绍迁怒于他，便投奔了曹操。

　　曹操对张郃的投诚感到高兴，亲自迎接，并称"如微子去殷，韩信归汉也"。

头脑
风暴

　　小花从小就身有残疾，走路一瘸一拐，上学、放学都是家人接
送。小明每次见到她都会说："小瘸子来了。"小花听到了内心特
别自卑。

　　通过本章，你该怎样劝诫小明呢？

傲慢无礼讨人嫌

以才自足①，以能自矜②，则为小人所忌，亦为君子所薄③。

——曾国藩

① 自足：指自满。② 自矜：自负，自夸。③ 薄：轻视，鄙视。

自以为有才华而自足自满，自以为有能力而自傲自夸，这样就会被小人忌恨，也会被君子所鄙视。

　　生活中，每个人可能都有讨厌的人，而被讨厌的多是无礼无德的人。一个人即使富有才华、金钱，但若无礼无德也必定不受人喜爱。

　　这一章指出傲慢无礼的人最讨人嫌。这样的人自鸣得意，妄自尊大，谁都瞧不起，不仅为小人所忌恨，也为君子所不齿。狂妄自大者，人人讨厌；高调炫耀者，人人反感；自以为是者，人人疏远。

　　古人说："满招损，谦受益。"毛泽东也曾说过："骄傲使人落后，谦虚使人进步。"骄傲自满不仅使人落后，还讨人嫌恶，甚至会招致祸患。一个人唯有以礼待人，行事低调不张扬，谦虚不自夸，才能受到他人的欢迎。

恃才傲物的祢衡

祢（mí）衡是东汉末年的文学家，很有才华，与孔融是好朋友。经过孔融的推荐，祢衡得到了曹操的赏识，但他却自恃才高，自称狂病，不肯前往拜见曹操，而且对曹操还多有狂言。

曹操暗暗恼火，一次借宴会之际让祢衡表演击鼓，打算趁机杀一杀他的傲气。祢衡走上场来，曹操吩咐人要求他换上击鼓专用的服饰。祢衡径直来到曹操面前，一件一件脱光衣服，又慢吞吞换上鼓手的服装，脸上竟无一点羞愧之色。曹操本想羞辱祢衡，没想到自己反而因祢衡裸身击鼓而难堪。

后来祢衡又因辱骂曹操被遣送给刘表。祢衡对刘表的态度也很轻慢，刘表又把他送去给江夏太守黄祖。祢衡仍不知收敛，最后他因为和黄祖发生言语冲突而被杀，年仅二十六岁。

尽孝当竭力

孝当竭力①，非徒养生②。鸦有反哺之孝③，羊知跪乳之恩④。

——《增广贤文》

① 竭力：竭尽全力。② 养生：保养身体。③ 鸦有反哺之孝：乌鸦长大后会衔来食物喂养母鸦来尽孝。④ 羊知跪乳之恩：羊羔在吃奶时跪在地上来感谢母羊的养育之恩。

孝敬父母应当尽心竭力，仅仅供养他们身体是不够的。乌鸦尚且知道衔来食物喂养母鸦以尽孝道，羊羔还知道跪下接受母乳以感谢养育之恩。

从小到大，父母给予我们最多的爱，也是最无私的爱，每个人都要好好孝敬父母。那么如何行孝呢？

这一章前一句"孝当竭力，非徒养身"告诉我们，孝敬父母不是简单地让父母有饭吃，有衣穿，保养身体就可以了。除了尽心尽力在物质上予以满足之外，对父母还要有感恩关怀之心，要常陪陪父母，用心去敬，用心去爱，也要多关注父母精神生活方面的需求。后一句"鸦有反哺之孝，羊有跪乳之恩"是告诉我们，动物尚且知道孝顺、感恩父母，人就更不能忘记孝道了。

同学们，你在生活中是否做到关心父母、感恩父母了呢？

芦衣顺母

闵损，字子骞，是孔子的弟子。闵损小的时候，母亲去世得早，父亲娶了后妻，又生了两个儿子。继母经常虐待他，冬天，两个弟弟穿着用棉花做的冬衣，而他只能穿用芦花做的单薄的衣服。

一天，父亲出门，闵损牵车时因寒冷打战，将绳子掉落地上，遭到父亲的鞭打。芦花随着打破的衣缝飞了出来，父亲才知道闵损受到虐待。父亲返回家，要休逐后妻。闵损跪求父亲饶恕继母，说道："留下母亲只是我一个人受冻，如果休了母亲，我们兄弟三个都要受冻。"父亲十分感动，就依了他。继母听后，感到无比羞愧，从此以后对待闵损就像对待亲生儿子一样。

为人要孝亲、律己、宽容

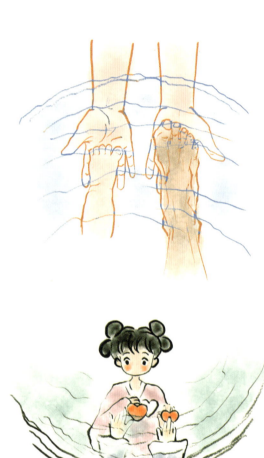

以爱妻子之心事亲①，**则无往而不孝。以责人之心责己，则寡过**②。**以恕**③**己之心恕人，则全交。**

——曾国藩

① 事亲：侍奉父母双亲。② 寡过：少犯过错。③ 恕：宽恕。

像呵护妻子儿女一样侍奉父母，就没有不孝顺的。用责备别人的心态来检讨自己，就会少犯错误。像宽恕自己一样来体谅别人，别人就都愿意和你交朋友。

在生活中，如何对待父母？如何对待自己？又如何对待别人呢？这一章就给了我们极好的启迪。

这段话共有三句，第一句是讲要像呵护妻子儿女一样呵护父母，这样的话，就可以做到孝顺了。第二句是对自己要严格要求，用责备别人的心态来检讨自己，这样自然就能少犯错误。第三句是讲对别人要将心比心，多加体谅，宽以待人，别人自然愿意和你交朋友。后两句也就是告诉我们要严于律己，宽以待人。要知道，宽恕别人等于善待自己。

将相和

赵国曾是战国七雄之一，后来受到秦国的威胁。赵王破格提拔了地位低下但有才能的蔺相如，命其出使秦国。蔺相如不辱使命，与秦王几次交涉，巧妙地完璧归赵，维护了赵国的尊严。蔺相如因此被提拔，位列赫赫战功的廉颇之上，这使廉颇心中极为不快，扬言要给蔺相如难堪。

这话传到了蔺相如耳朵里，蔺相如就请病假不上朝，以避免与廉颇正面交锋。有一天，蔺相如坐车外出，远远看见廉颇骑着高头大马过来了，他赶紧叫车夫把车往回赶。随从不解，就问蔺相如为何要怕廉颇。

蔺相如说："你们想一想，廉将军和秦王比，谁厉害？"随从回答："当然是秦王厉害！"

蔺相如说:"秦王我都不怕,会怕廉将军吗?"

随从就更加不解了:"那您为什么总是躲着廉将军呢?"

蔺相如继续说:"大家知道,秦王之所以不敢进攻赵国,是因为武有廉颇,文有蔺相如。如果我们俩闹不和,就会削弱赵国的力量,秦国必然乘机攻打我们。我之所以避着廉将军,为的是我们赵国啊!"

这话传到了廉颇的耳朵里。廉颇羞愧难当,敬意顿生。于是,他脱下战袍,背上荆条,到蔺相如府上请罪。蔺相如见廉颇来负荆请罪,急忙出来迎接,两人握手言欢,从此成了好朋友,同心协力保卫赵国,并成就了"将相和"的千古佳话。

头脑
风暴

　　这几天，小明心里很烦，这不，他又开始唠叨了："这次我们班足球比赛失利，怪就怪守门员守门不力，怎么能怪我传球失误呢？还有，我传球本来想传给小虎的，谁知道他没领会我的意图，结果被对方球员断球而踢进了门。这怪小虎没有跟我配合好，我是不会原谅小虎的。"

　　结合本章学习内容，你觉得小明的问题出在哪儿？你该怎样劝诫小明呢？

一身正气，坦荡做人

子曰："在上位，不陵①下；在下位，不援②上。正己而不求于人，则无怨。上不怨天，下不尤③人。"

——《中庸》

① 陵：欺侮，欺凌。② 援：此有攀缘、攀附之意。③ 尤：责备，怪罪。

孔子说："身居高位，不欺凌地位低的人；身居低位，不攀附地位高的人。端正自己，规规矩矩做事，不苛求别人，这样别人就不会有什么可抱怨的了。上不怨恨老天，下不怪罪别人。"

　　现实生活中，有的人因地位、财富居于人上，就目中无人，盛气凌人；有的人地位低下，又不愿努力，一心攀附权贵，善于钻营；有的人做事不遵循规矩，投机取巧，或不安好心；有的人生活不如意却不努力工作，只知道怨天尤人。

　　这一章就告诉我们：身居高位时，不要目中无人、得意忘形；身居低位时，要保持节操、骨气。做人应该坦坦荡荡，一身正气；做事要实实在在，尽心尽责。这样才能问心无愧，不怕他人另眼相看、冷嘲热讽。

　　同学们，希望你们能做一个堂堂正正、坦坦荡荡、有骨气、有底气、有气度的人！

坦坦荡荡、一身正气的祁奚

春秋时期，南阳这个地方缺一个县官。晋平公问当时任中军尉的祁奚："你看谁可以当这个县官？"

祁奚说："解狐这个人不错，他当这个县官比较合适。"

晋平公很吃惊，问祁奚："解狐不是你的仇人吗？你为什么要推荐他呢？"

祁奚笑着答道："您问的是谁能当县官，不是问谁是我的仇人呀。"

晋平公深以为然，于是派解狐去南阳做县官。解狐上任后，果然是一位好官，为当地办了不少好事，受到南阳百姓的爱戴。

解狐死后，此时的晋国国君已是晋悼公，晋悼公问祁奚：

"谁可继任南阳县官呢?"

祁奚说:"祁午可以"。晋悼公问:"祁午可是你的儿子呀!"祁奚回答道:"您问的是谁可继任,并不是问谁是我儿子。"

晋悼公点了点头,觉得祁奚胸怀坦荡,采纳了他的建议。

祁奚外举不避仇,内举不避亲,已成为千古美谈,至今仍为人所称颂。

小莉同学原先是小组长，总是利用职务之便，欺负本组的同学小小，被同学几次反映到班主任那里，结果不但受到老师批评，小莉的组长一职也被老师撤掉了。

　　这之后，小莉并没有从自己身上找原因，反而整天埋怨反映问题的同学，甚至抱怨老师撤掉了她的小组长。

　　你觉得小莉错在何处？该怎样劝诫小莉呢？

心存悲悯之心

与肩挑①贸易②，毋占便宜；见穷苦亲邻，须加温恤③。

——《朱子家训》

① 肩挑：肩挑着担子卖东西，指做小生意的商贩。② 贸易：指买卖东西。③ 温恤（xù）：体贴抚慰。

和做小生意的挑贩们交易，不要想着占他们的便宜；看到穷苦的亲戚或邻居，要关心他们，尽己所能给他们温暖和救助。

　　同学们，你们可曾注意到菜市场的路边，经常会有一些老爷爷老奶奶在摆摊卖菜？他们这么大的年纪，冒着严寒酷暑出来做生意，十分辛苦，应该怎样对待这样的人呢？

　　这一章就告诉我们：如果与小商小贩们买卖东西，不要想着占小便宜；如果看到穷苦的乡亲邻里，应该学会关照，尽力救济体恤。

　　同学们，生活中还会遇到各种各样的弱势人群，对弱势人群我们应该有同情怜悯之心，在能力许可的范围内助人为乐、奉献爱心。常怀悲悯，善待他人，也是一个人具备礼仪道德的体现。

不占落魄者的便宜

1940 年，正值抗战最艰难的时期，作家夏衍家附近有一家小粮油店要关门歇业了。夏衍找来几个朋友，说："这家店主平时为人不错，小店明天就要关门了，我想请大家去买些东西，也算是我表达自己的一点心意。"

小店要关门，也就意味着里面的商品可能要比平时更便宜，而且粮油米面又是生活必需品，因此，朋友们都表示支持。大家随夏衍来到店里，朋友们发现，这里的商品与其他商店里的价格没有任何区别。朋友们顿感失落，只象征性地买了一些，就都走出小店，只在门口等夏衍。

不一会儿，夏衍提着满满一大袋子东西出来了。朋友们不满地问他："小店明天就要关门了，为什么今天不降价？"夏衍看了看大家，说："这里的食品质量没有任何问题，为什么要降价？"

一个朋友不解地问："既然价格跟平常一样，你买这么多干吗？"夏衍笑了笑，缓缓地说："这家小店就要关门了，说明老板的日子很不好过。我们来买他的东西，是在他最困难的时候帮助他，给他信心，让他有继续生活下去的勇气。对于这样的落魄者，如果我们还想着要占他的便宜，那不是在他的伤口上再撒一把盐吗？"朋友们听后，才明白夏衍的良苦用心，也对他的善良钦佩不已。

在别人落魄的时候，伸出自己的手，做一些力所能及的事，而不是趁机占便宜，这本身就是一种高贵的修养。

头脑风暴

　　一次，小明同学看到一个老爷爷在路边摆地摊卖菜，他见老爷爷年龄大了，眼有点花，就买了点菜，拿假钱给了老爷爷。

　　学了本章内容，你有什么想对小明说的呢？

给孩子的传世家语

源自70余种中华优秀传统文化古典文献，把典籍变"薄"、把知识变"厚"，打造"腹有诗书气自华"的"君子·新生代"。

给孩子的传世家语 · 劝学篇

本书以"知学""勤学""会学"的认知顺序，帮助学生明确学习要义，懂得惜时，注重方略，了解学习方法。

给孩子的传世家语 · 习礼篇

本书以"知礼""学礼""用礼"的认知顺序，帮助学生知晓礼仪，自觉学礼，注重用礼，内化品质修养。

给孩子的传世家语 · 勤思篇

本书以"勤思""哲思""善思"的认知顺序，激发学生勤于思考、善于思考、辩证思考的思维能力。

给孩子的传世家语 · 奋进篇

本书以"立志""进取""报国"的认知顺序，树立学生志存高远、坚强进取、爱国奋发的精神底色。

扫描二维码，
在线听古文范读。